AF198983

Impressum
Verlag: BABADADA GmbH, Nedderfeld 112 , 22529 Hamburg
Geschäftsführer / Verlagsleitung: Harald Hof
Druck: Books on Demand GmbH, In de Tarpen 42, 22848 Norderstedt

Imprint
Publisher: BABADADA GmbH, Nedderfeld 112 , 22529 Hamburg, Germany
Managing Director / Publishing direction: Harald Hof
Print: Books on Demand GmbH, In de Tarpen 42, 22848 Norderstedt

school

chikoro

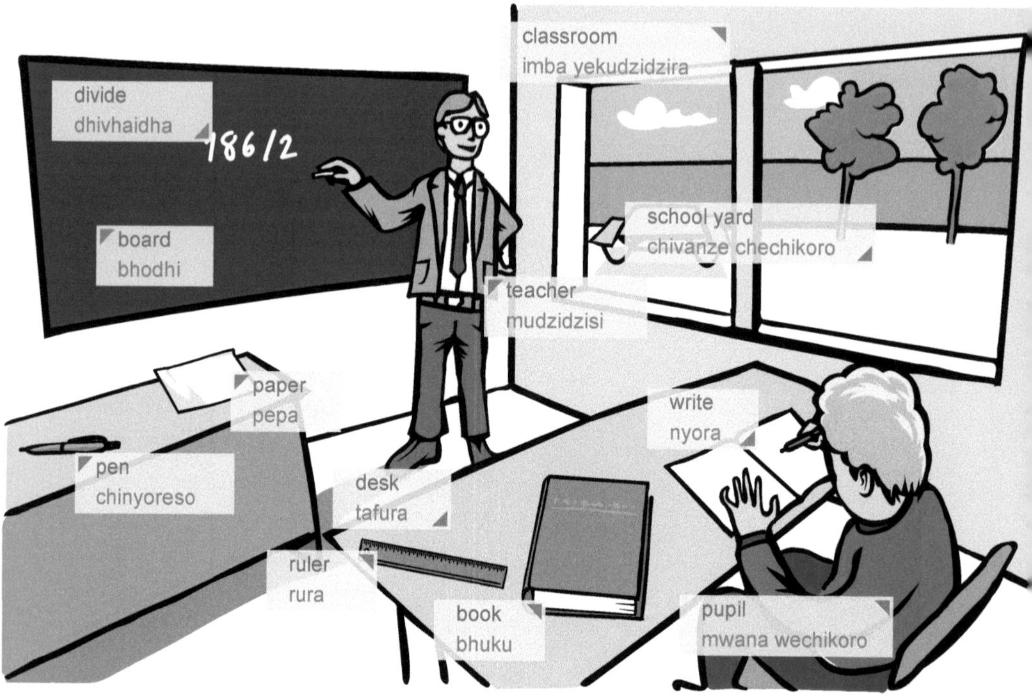

classroom
imba yekudzidzira
divide
dhivhaidha
186/2
board
bhodhi
school yard
chivanze chechikoro
teacher
mudzidzisi
paper
pepa
write
nyora
pen
chinyoreso
desk
tafura
ruler
rura
book
bhuku
pupil
mwana wechikoro

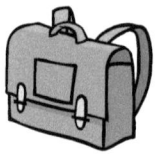

satchel

bhegi

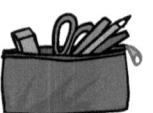

pencil case

chekuchengetera mapenzura

pencil

penzura

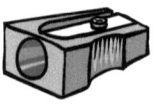

pencil sharpener

chekurodzesa mapenzura

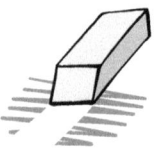

rubber

rabha

drawing pad

bhuku rekudhirowera mifananidzo

drawing

mufananidzo
wakadhirowewa

paintbrush

bhurasho rekupendesa

paint box

bhokisi rependi

scissors

chigero

glue

guruu

exercise book

bhuku rekunyorera

homework

basa rinoitirwa kumba

number

nhamba

add

sanganisa

subtract

bvisa

multiply

wanziridza

calculate

kakureta

letter

bhii

alphabet

arufabheti

word

shoko

text

mashoko

read

kuverenga

chalk

choko

lesson

chidzidzo

register

bhuku remazita

exam

bvunzo

certificate

setifiketi

school uniform

yunifomu yekuchikoro

education

dzidzo

encyclopedia

encyclopedia

university

yunivhesiti

microscope

maikorosikopu

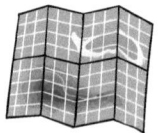

map

mepu

waste-paper basket

bhini remapepa

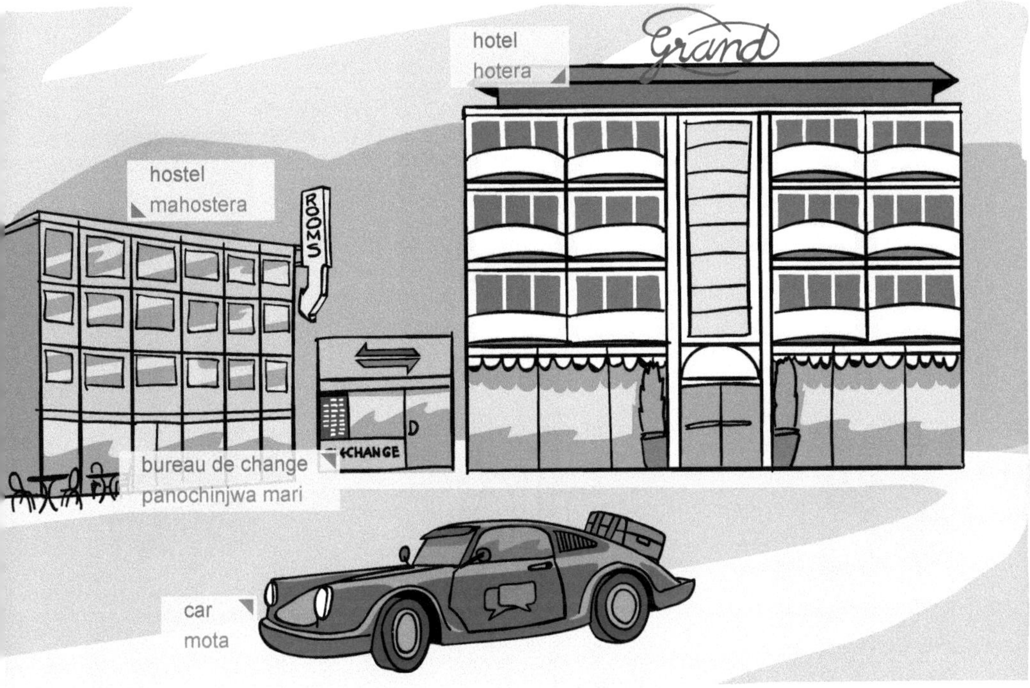

hotel
hotera
Grand
hostel
mahostera
ROOMS
bureau de change
panochinjwa mari
CHANGE
car
mota

language
mutauro

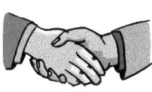

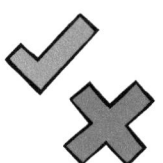

yes / no
hongu / kwete

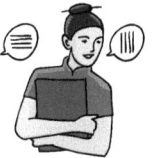

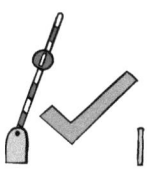

Okay
Zvakanaka

hello
hesi

translator
mushanduri

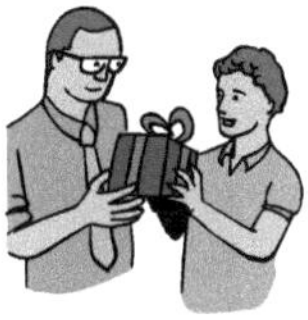

Thank you
Mazvita

how much is...?

Imarii... ?

I do not understand

Handisi kunzwisisa

problem

dambudziko

Good evening!

Manheru!

Good morning!

Mangwanani!

Good night!

Murare zvakanaka

bye bye

toonana

direction

mafambiro

luggage

katundu

bag

bhegi

backpack

bhegi rekumusana

guest

muenzi

room

imba

sleeping bag

bhegi rekurarira

tent

tendi

tourist information

mashoko evafambi

beach

mahombekombe

credit card

kadhi rekubhengi

breakfast

kudya kwemangwanani

lunch

kudya kwemasikati

dinner

kudya kwemanheru

ticket

tiketi

lift

chikwidzo

stamp

chitambi

border

muganhu

customs

vanoona nezvekupinda
munyika

embassy

vamiririri venyika

visa

vhiza

passport

pasipoti

transport
zvifambiso

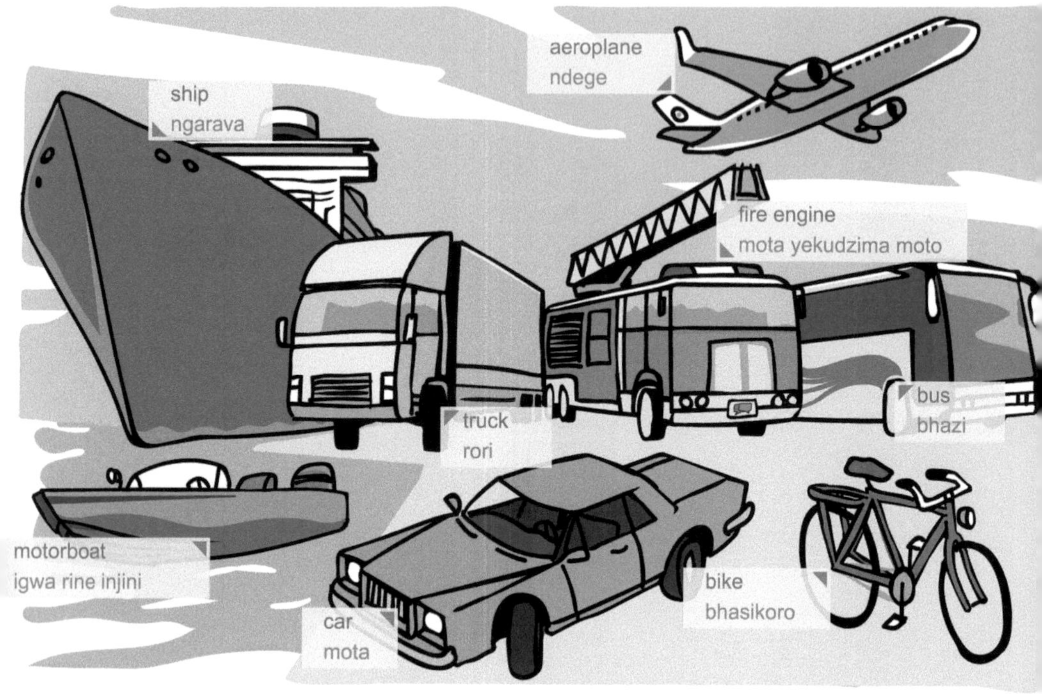
aeroplane
ndege
ship
ngarava
fire engine
mota yekudzima moto
truck
rori
bus
bhazi
motorboat
igwa rine injini
bike
bhasikoro
car
mota

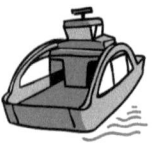

ferry

igwa

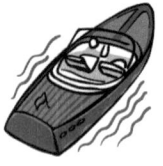

boat

igwa

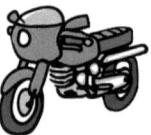

motorbike

mudhudhudhu

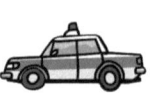

police car

mota yemapurisa

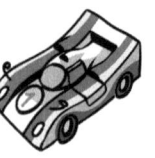

racing car

mota yemujaho

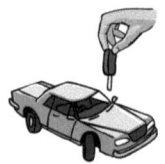

rental car

mota yekuhaya

car sharing

kuhaya mota

breakdown truck

mota inodhonza dzinenge dzafa

refuse truck

mota yemabhini

motor

injini

fuel

mafuta

petrol station

garaji remafuta

traffic sign

chikwangwani chemumugwagwa

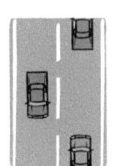

traffic

mota

traffic jam

mota dzakawandisa

car park

panopakwa mota

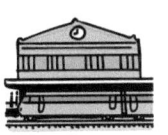

train station

chiteshi chezvitima

tracks

njanji

train

chitima

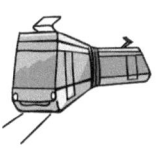

tram

tram

carriage

chitima

helicopter

chikopokopo

airport

nhandare yendege

tower

nharire

passenger

mufambi

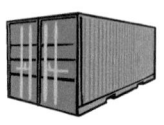

container

chikondena

carton

kadhibhodhi bhokisi

cart

ngoro

basket

bhasiketi

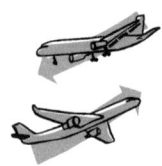

take off / land

simuka / mhara

city

guta

village

musha

city centre

pakati peguta

house

imba

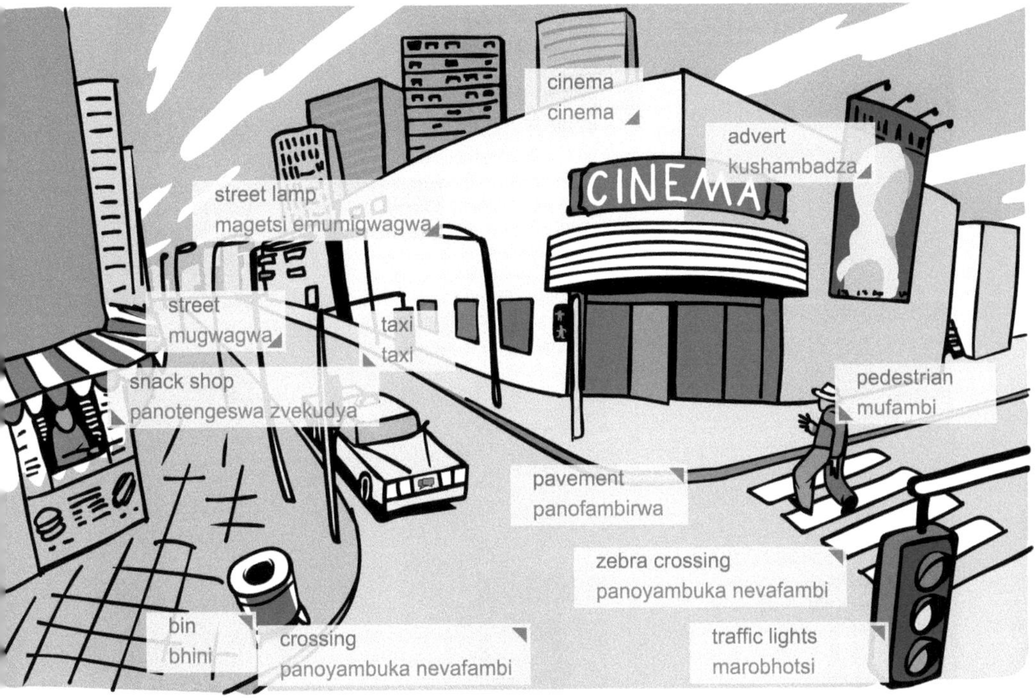

cinema
cinema

advert
kushambadza

street lamp
magetsi emumigwagwa

CINEMA

street
mugwagwa

taxi
taxi

snack shop
panotengeswa zvekudya

pedestrian
mufambi

pavement
panofambirwa

zebra crossing
panoyambuka nevafambi

bin
bhini

crossing
panoyambuka nevafambi

traffic lights
marobhotsi

hut

imba

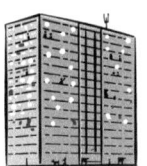

flat

mafurati

train station

chiteshi chezvitima

town hall

imba yeguta

museum

muziyamu

school

chikoro

university
yunivhesiti

bank
bhengi

hospital
chipatara

hotel
hotera

pharmacy
panotengeswa mishonga

office
hofisi

book shop
chitoro chemabhuku

shop
chitoro

florist's
panotengeswa maruva

supermarket
supamaketi

market
musika

department store
chitoro chine
madhipatimendi

fishmonger's
panotengeswa hove

shopping centre
nzimbo ine zvitoro

harbour
chiteshi chengarava

park

paki

bench

bhenji

bridge

bhiriji

stairs

masitepisi

underground

nzira inoenda nepasi

tunnel

mugwagwa wepasi

bus stop

panokwirirwa mabhazi

bar

bhawa

restaurant

resitorendi

postbox

bhokisi retsamba

street sign

chikwangwani
chemugwagwa

parking meter

mita yekupaka

zoo

munochengeterwa mhuka

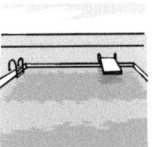

swimming pool

kunotuhwinirwa

mosque

mosque

farm
purazi

pollution
kusvibisa

graveyard
kumakuva

church
chechi

playground
pekutambira

temple
temberi

landscape

mamiriro akaita nzvimbo

signpost
chikwangwani

way
nzira

meadow
mafuro

stone
dombo

hiker
mufambi

tree
muti

river
rwizi

grass
uswa

flower
ruva

valley
mupata

hill
gomo

lake
dhamu

forest
sango

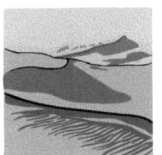

desert
gwenga

volcano
chikwatamabwe

castle
zimba

rainbow
muraraungu

mushroom
hohwa

palm tree
muchindwe

mosquito
umhutu

fly
nhunzi

ant
svosve

bee
nyuchi

spider
buve

beetle

chipembenene

frog

datya

squirrel

tsindi

hedgehog

nungu

hare

tsuro

owl

zizi

bird

shiri

swan

swan

boar

nguruve yemusango

deer

nondo

moose

moose

dam

dhamu

wind turbine

injini yemhepo

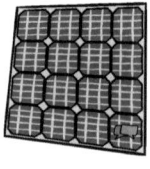

solar panel

panero rezuva

climate

mamiriro ekunze

restaurant
resitorendi

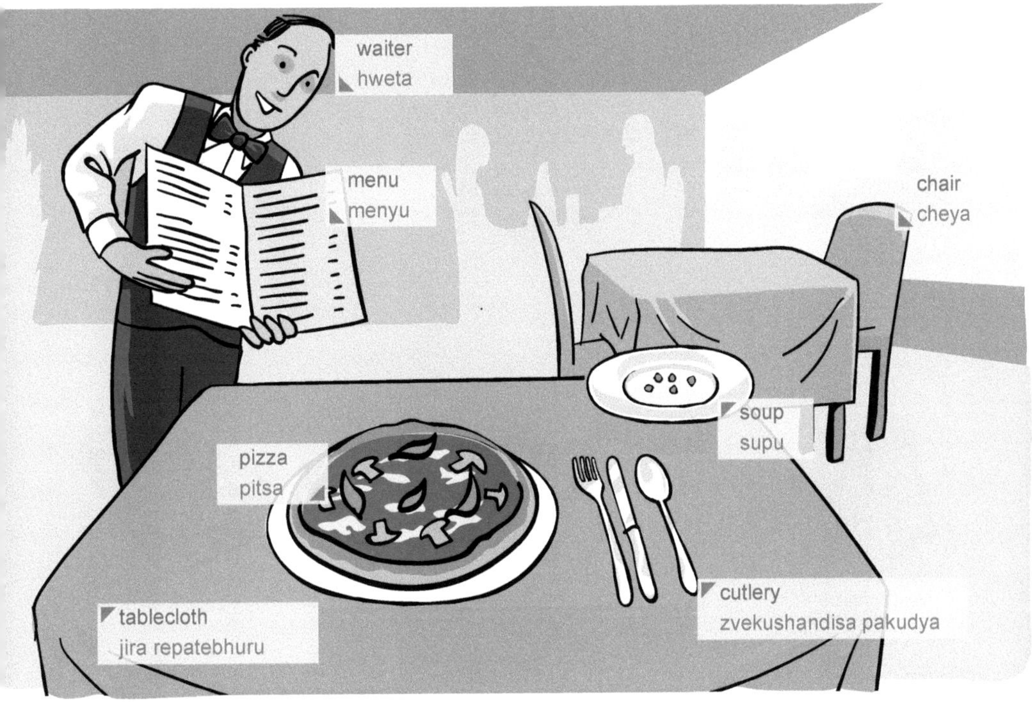
waiter
hweta
menu
menyu
chair
cheya
soup
supu
pizza
pitsa
cutlery
zvekushandisa pakudya
tablecloth
jira repatebhuru

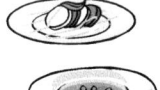

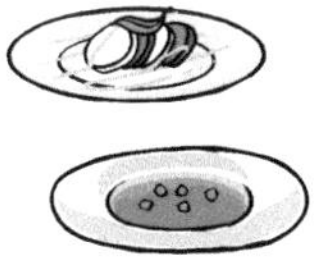

starter
zvekusosa nzara

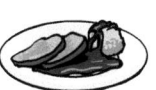

main course
zvekudya

dessert
zvekuseredzera

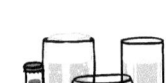

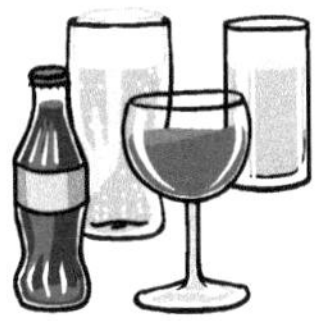

drinks
zvekunwa

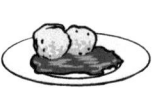

food
zvekudya

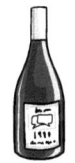

bottle
bhodhoro

fast food

zvekudya zvisingatori nguva kubika

street food

chikafu chinotengeswa munzira

teapot

tipoti

sugar bowl

gabha reshuga

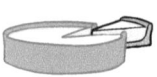

portion

chidimbu

espresso machine

muchina wekofi

high chair

cheya yemwana

bill

bhiri

tray

tureyi

knife

banga

fork

forogo

spoon

chipunu

teaspoon

chipunu

serviette

zvekupukutisa muromo

glass

girazi

restaurant - resitorendi

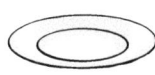

plate
ndiro

soup plate
ndiro yesupu

saucer
ndiro

sauce
supu

salt pot
chekuisira sauti

pepper mill
chekugaya mhiripiri

vinegar
vhiniga

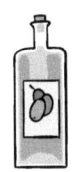

oil
mafuta

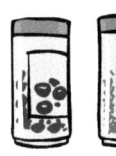

spices
masipaisi

ketchup
ketchup

mustard
mustard

mayonnaise
mayonaizi

supermarket
supamaketi

special offer
zvaderedzwa mitengo
FOR
customer
mutengi
dairy
zvinogadzirwa nemukaka
fruit
michero
trolley
chingoro

BUTCHERS

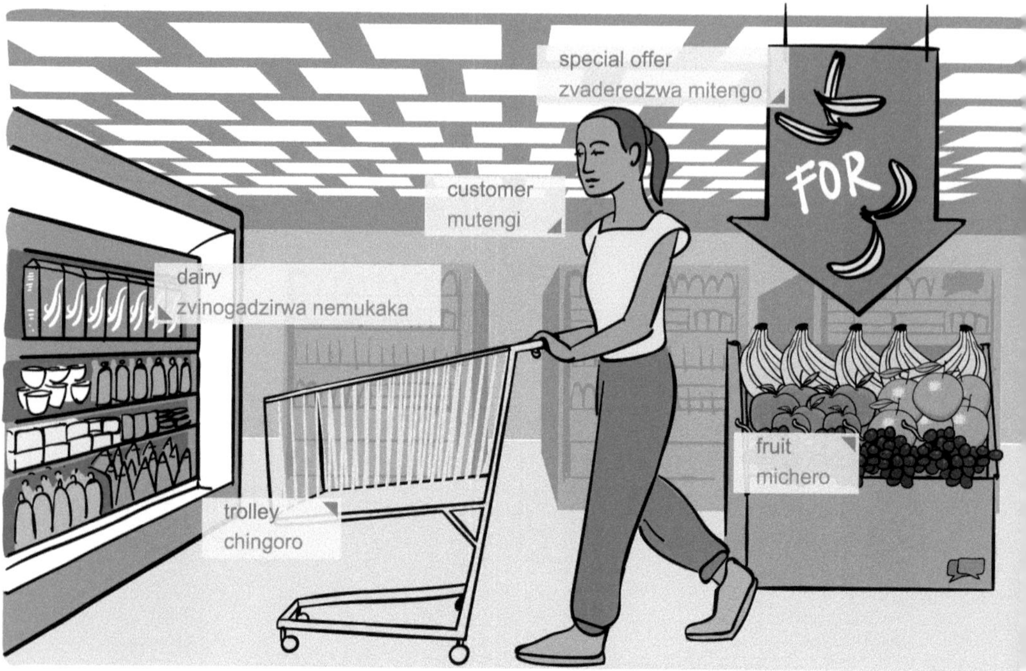

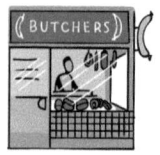

butcher´s

panotengeswa nyama

BAKERY

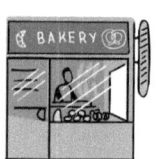

baker´s

panotengeswa chingwa

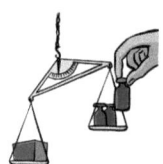

weigh

kuyera

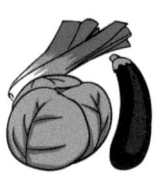

vegetables

miriwo

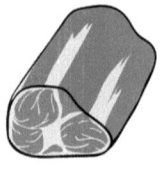

meat

nyama

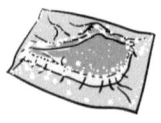

frozen food

zvekudya zvakaoma nechando

cold meat

nyama yakatonhora

tinned food

zvekudya zvemugaba

washing powder

sipo yeupfu yekuwachisa

sweets

masuwiti

household products

zvekushandisa mumba

cleaning products

zvekuchenesa nazvo

salesperson

mutengesi

till

tiru

cashier

mutengesi

shopping list

zviri kuda kutengwa

opening hours

nguva dzekuvhura

wallet

chikwama

credit card

kadhi rekubhengi

bag

bhegi

plastic bag

pepa rekuisira

water
....
mvura

juice
....
muto wemichero

milk
....
mukaka

coke
....
coke

wine
....
waini

beer
....
doro

alcohol
....
doro

cocoa
....
cocoa

tea
....
tii

coffee
....
kofi

espresso
....
kofi

cappuccino
....
cappuccino

banana

bhanana

apple

apuro

orange

orenji

melon

nwiwa

lemon

ndimu

carrot

karotsi

garlic

gariki

bamboo

mushenjere

onion

hanyanisi

mushroom

hohwa

nuts

nzungu

noodles

manoodle

spaghetti

spaghetti

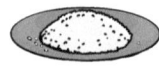

rice

mupunga

salad

saradhi

chips

machipisi

fried potatoes

mbatatisi dzakafuraiwa

pizza

pitsa

hamburger

chingwa chakaruma nyama

sandwich

sangweji

cutlet

nhindi

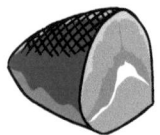

ham

ham

salami

salami

sausage

soseji

chicken

huku

roast

gochwa

fish

hove

porridge oats
bota reoats

muesli
muesli

cornflakes
macornflake

flour
furawa

croissant
croissant

bread roll
chingwa

bread
chingwa

toast
chingwa chakagochwa

biscuits
mabhisikiti

butter
bhata

curd
ige

cake
keke

egg
zai

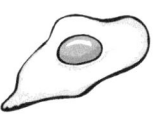

fried egg
zai rakafuraiwa

cheese
chizi

food - zvekudya

ice cream

aizikirimu

sugar

shuga

honey

huchi

jam

jemu

chocolate spread

chocolate yekuzora

curry

curry

goat

mbudzi

cow

mhou

calf

mhuru

pig

nguruve

piglet

chigwi

bull

bhuru

goose

dhadha

duck

dhakisi

chick

nhiyo

hen

tseketsa

cock

jongwe

rat

gonzo

cat

katsi

mouse

mbeva

ox

dhonza

dog

imbwa

doghouse

imba yembwa

garden hose

pombi yemvura

watering can

keni yekudiridzisa

scythe

jeko

plough

gejo

sickle

jeko

hoe

badza

pitchfork

forogo

axe

demo

wheelbarrow

bhara

trough

chidyiro

milk can

bhodhoro remukaka

sack

saga

fence

fenzi

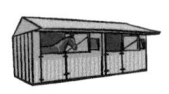

stable

danga

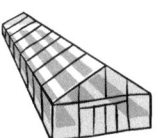

greenhouse

greenhouse

soil

ivhu

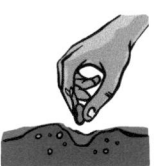

seed

mbeu

fertilizer

fetereza

combine harvester

mota yekukohwesa

harvest

kukohwa

harvest

gohwo

yams

mbatatisi

wheat

gorosi

soy

soya

potato

mbatatisi

corn

chibage

rapeseed

rapeseed

fruit tree

muti wemichero

cassava

mufarinya

cereals

mbesa

house
imba

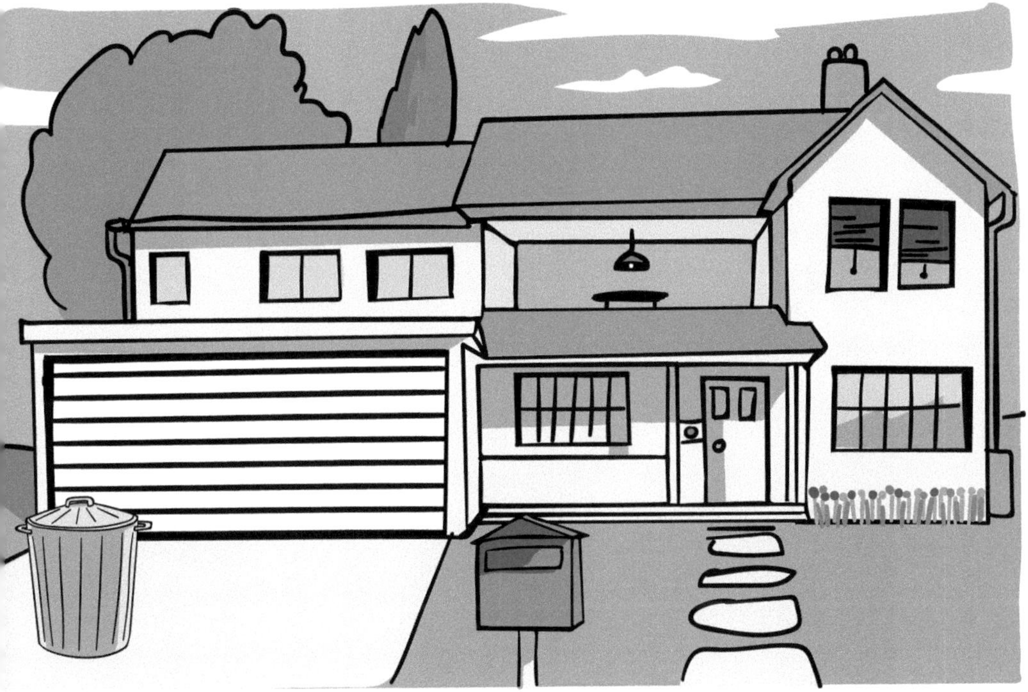

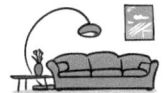

living room
imba yekutandarira

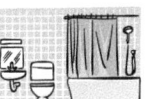

bathroom
mekugezera

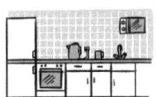

kitchen
kicheni

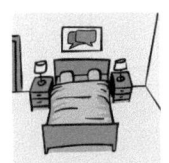

bedroom
imba yekurara

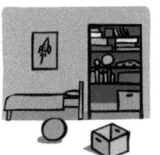

child's room
imba yemwana

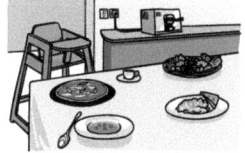

dining room
imba yekudyira

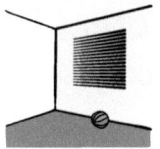

floor

uriri

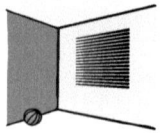

wall

madziro

ceiling

denga

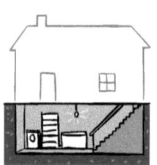

cellar

imba yepasi

sauna

sauna

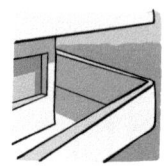

balcony

vharanda repadenga

terrace

uriri hwepadenga

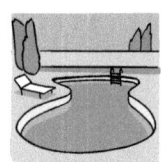

pool

dziva rekushambira

lawn mower

muchina wekuchekesa
uswa

sheet

jira

bedspread

chekufukidza mubhedha

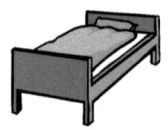

bed

mubhedha

broom

bhurumu

bucket

bhaketi

switch

suwichi

living room

imba yekutandarira

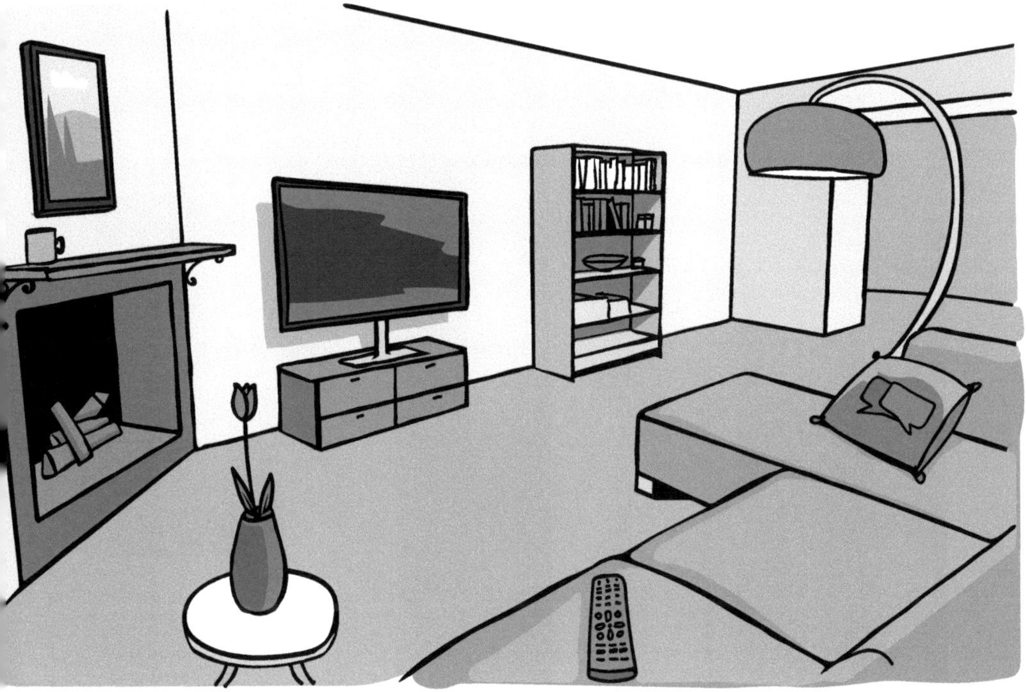

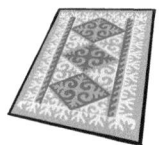

carpet
kapeti

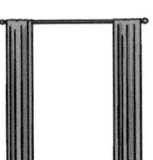

curtain
keteni

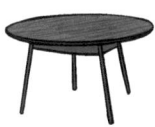

table
tebhuru

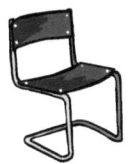

chair
cheya

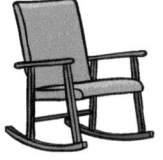

rocking chair
cheya inozeya

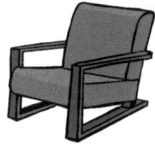

armchair
cheya ine pekuisa maoko

book
bhuku

blanket
gumbeze

decoration
marongedzero

firewood
huni

film
firimu

hi-fi equipment
redhiyo yehi-fi

key
kii

newspaper
pepanhau

painting
mufananidzo

poster
posita

radio
redhiyo

notepad
pekunyorera

hoover
muchina wekuhuvhisa

cactus
chinanazi

candle
kenduru

kitchen
kicheni

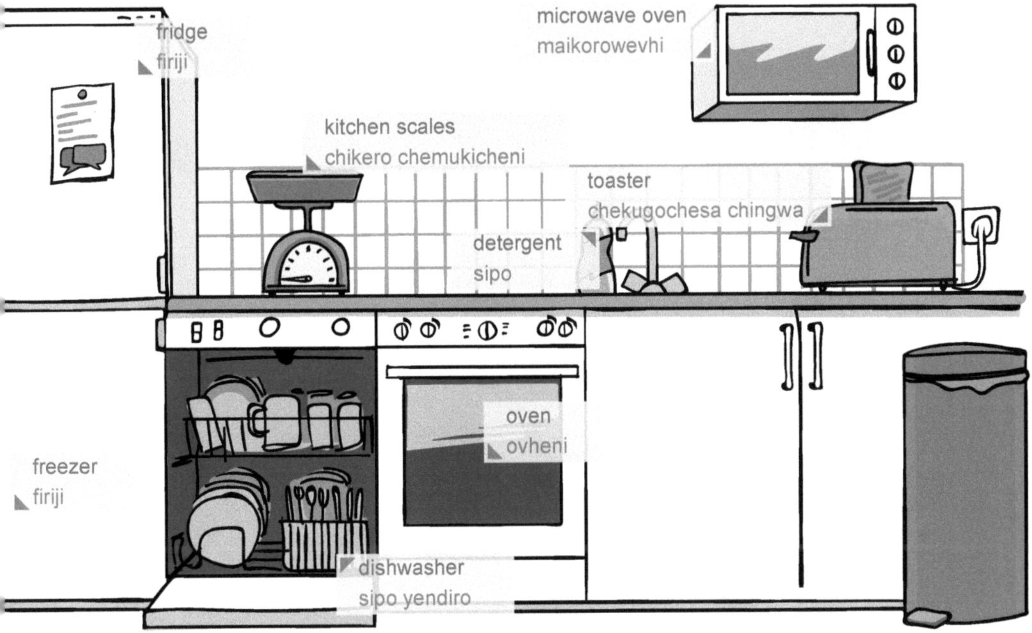
fridge
firiji
microwave oven
maikorowevhi
kitchen scales
chikero chemukicheni
toaster
chekugochesa chingwa
detergent
sipo
oven
ovheni
freezer
firiji
dishwasher
sipo yendiro

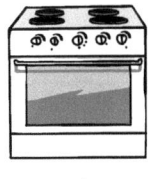

cooker

chitofu

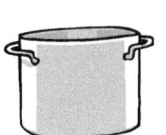

pot

poto

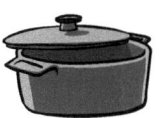

cast-iron pot

poto yesimbi

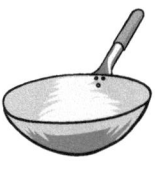

wok / kadai

wok / kadai

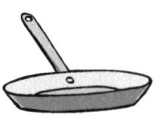

pan

pani

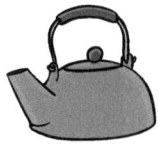

kettle

ketero

steamer

chekubikisa neutsi hwemvura

baking tray

turei yekubhekesa

crockery

ndiro

mug

kapu

bowl

dishi

chopsticks

tumiti twekudyisa

ladle

chipunu

spatula

chipunu

whisk

chekusanganisisa

strainer

chekukunisa

sieve

chekukunisa

grater

chekugiretesa

mortar

duri

barbecue

chiwaya

open fire

moto

chopping board
chekuchekera

rolling pin
chekutsimbiririsa
mukanyiwa

corkscrew
chekuvhurisa mabhodhoro
ewaini

can
tini

can opener
chekuvhurisa tini

pot holder
girovhosi rekubatisa
zvinopisa

sink
singi

brush
bhurasho

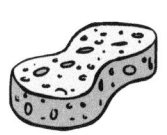

sponge
chipanji

blender
chinosanganisa

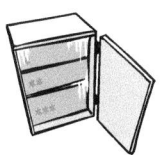

deep freezer
firiji

baby bottle
bhodhoro remwana

tap
pombi

bathroom
mekugezera

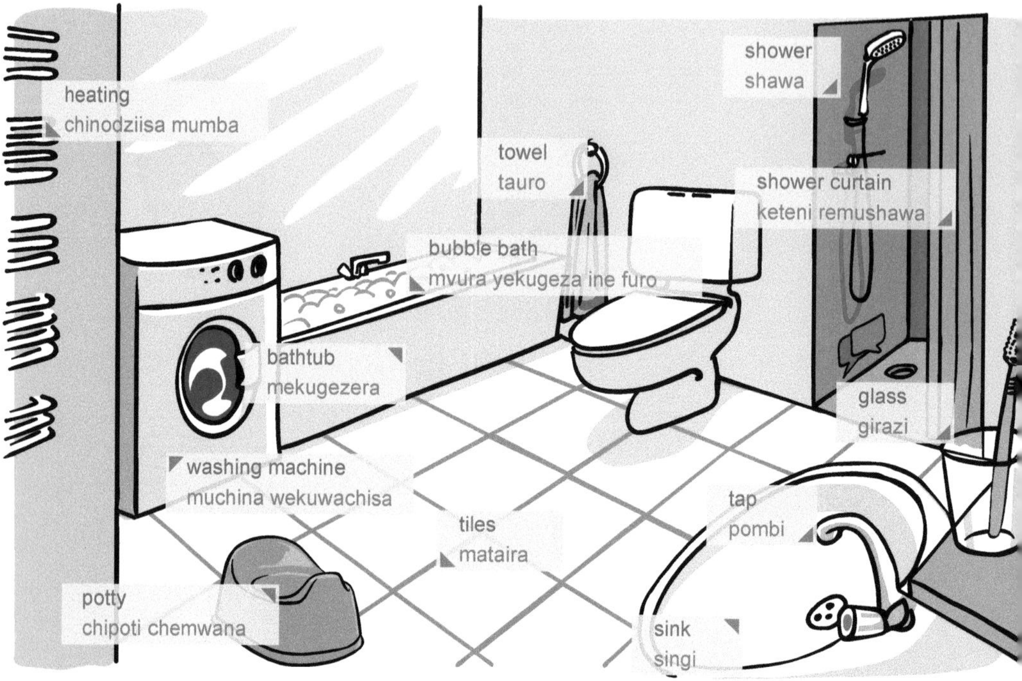

heating
chinodziisa mumba
towel
tauro
shower
shawa
shower curtain
keteni remushawa
bubble bath
mvura yekugeza ine furo
bathtub
mekugezera
glass
girazi
washing machine
muchina wekuwachisa
tap
pombi
tiles
mataira
potty
chipoti chemwana
sink
singi

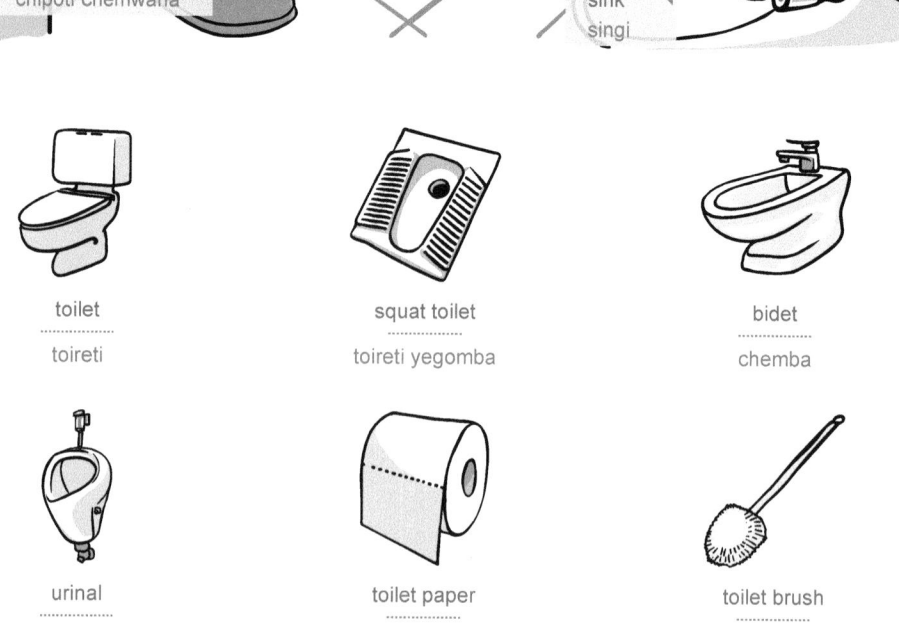

toilet
toireti

squat toilet
toireti yegomba

bidet
chemba

urinal
chekuitira weti chevarume

toilet paper
pepa remutoireti

toilet brush
bhurasho remutoireti

toothbrush

bhurasho remazino

toothpaste

mushonga wemazino

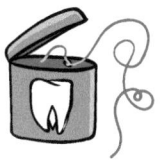

dental floss

tambo yekugezesa mazino

wash

kugeza

handheld shower

shawa yekuita zvekubata

douche

douche

basin

bheseni

back brush

bhurasho remusoro

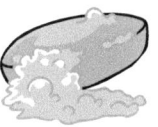

soap

sipo

shower gel

sipo yekugezesa mushawa

shampoo

shambuu

flannel

chekugezesa

drain

dhireni

cream

mafuta

deodorant

chinonhuwirira

mirror

girazi

hand mirror

girazi remumaoko

razor

chekugeresa ndebvu

shaving foam

furo rekugeresa ndebvu

aftershave

mafuta ekuzora wagera ndebvu

comb

kamu

brush

bhurasho

hair dryer

chekuomesa bvudzi

hairspray

mushonga wekupfapfaidza musoro

makeup

zvekupodesa

lipstick

chekupendesa muromo

nail varnish

chekupendesa nzara

cotton wool

donje

nail scissors

chigero chenzara

perfume

pefiyumu

washbag

bhegi rezvekugezesa

stool

chituro

weighing scale

chikero

bathrobe

bathrobe

rubber gloves

magirovhosi erabha

tampon

tampon

sanitary towel

pedhi

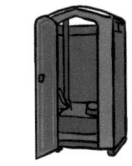

chemical toilet

toireti inotakurwa

child's room

imba yemwana

alarm clock
wachi
cuddly toy
chitoyi chekurara nacho
toy car
mota yekutambisa
rattle
hosho
doll's house
kamba kezvidhori
present
chipo

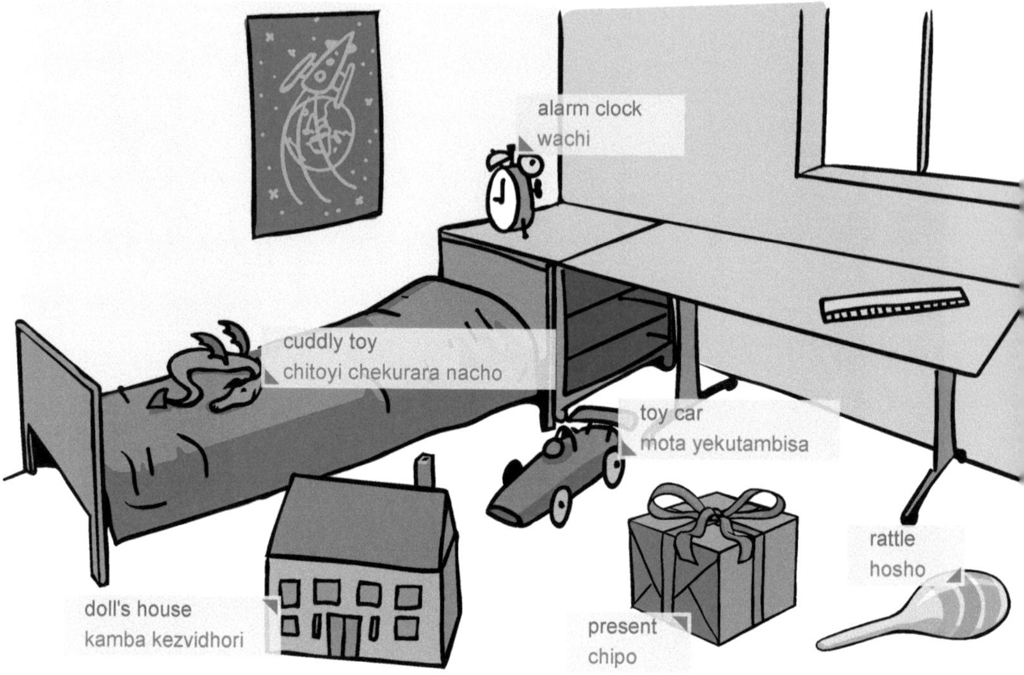

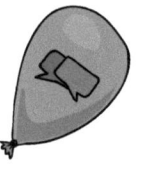

balloon

chibharuma

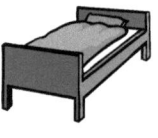

bed

mubhedha

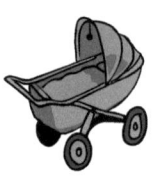

pram

purema

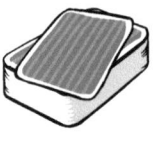

deck of cards

makadhi ekutamba

jigsaw

puzzle

SUPER
MEGA

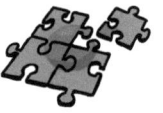

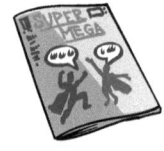

comic

makatuni ekuverenga

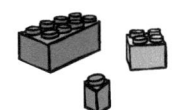

lego bricks

zvekuvakisa zvinhu

building blocks

mabhuroko ekuvakisa

action figure

chidhori

babygrow

babygrow

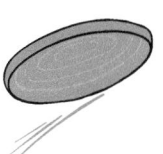

frisbee

chekutambisa uchikanda

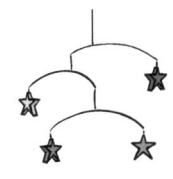

mobile

zvekuvaraidza mwana

board game

gemu rinotambirwa
pabhodhi

dice

dhaisi

model train set

zvitima zvekutambisa

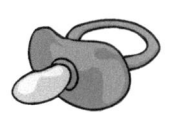

dummy

chidhami

party

mabiko

picture book

bhuku remapikicha

ball

bhora

doll

chidhori

play

kutamba

sandpit

majecha ekutambira

swing

muzeerere

toys

zvekutambisa

video game console

chekutambisa magemu
emavhidhiyo

tricycle

kabhasikoro kemavhiri
matatu

teddy bear

teddy bear

wardrobe

wadhiropu

clothing

zvipfeko

socks

masokisi

stockings

masokisi

tights

matirauzi anobata muviri

scarf
sikavha

umbrella
amburera

t-shirt
t-sheti

belt
bhandi

boots
majombo

slippers
bhutsu

trainers
bhutsu

sandals
masanduru

shoes
bhutsu

rubber boots
magambutsu

underpants
nduwe

bra
bhodhi

vest
vhesi

body

muviri

trousers

tirauzi

jeans

jini

skirt

siketi

blouse

bhurauzi

shirt

hembe

pullover

bhachi

hoodie

chibhachi

blazer

bhachi

jacket

bhachi

coat

jasi

raincoat

renikoti

costume

koshitomu

dress

dhirezi

wedding dress

dhirezi remuchato

suit

sutu

nightgown

hembe yekurarisa

pyjamas

mapijama

sari

chari

headscarf

headscarf

turban

heti

burqa

burqa

kaftan

kaftan

abaya

abaya

swimsuit

hembe yekutuhwinisa

trunks

chikabudura

shorts

chikabudura

tracksuit

tirekisutu

apron

apuroni

gloves

magirovhosi

button

bhatani

glasses

magirazi

bracelet

bhenguru

necklace

chuma

ring

rin'i

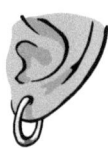

earring

mhete

cap

kepisi

coat hanger

hen'a

hat

heti

tie

tai

zip

zipi

helmet

herumeti

braces

mabhandi

school uniform

yunifomu yekuchikoro

uniform

yunifomu

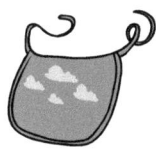

bib
chibhibhi

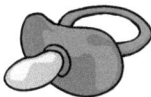

dummy
chidhami

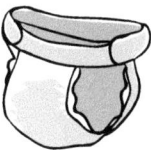

nappy
napukeni

office
hofisi

server
server
filing cabinet
kabhineti
printer
muchina wekuprindisa
monitor
sikirini
paper
pepa
mouse
mouse
desk
tafura
folder
fayera
keyboard
keyboard
chair
cheya
waste-paper basket
bhini remapepa
computer
kombiyuta

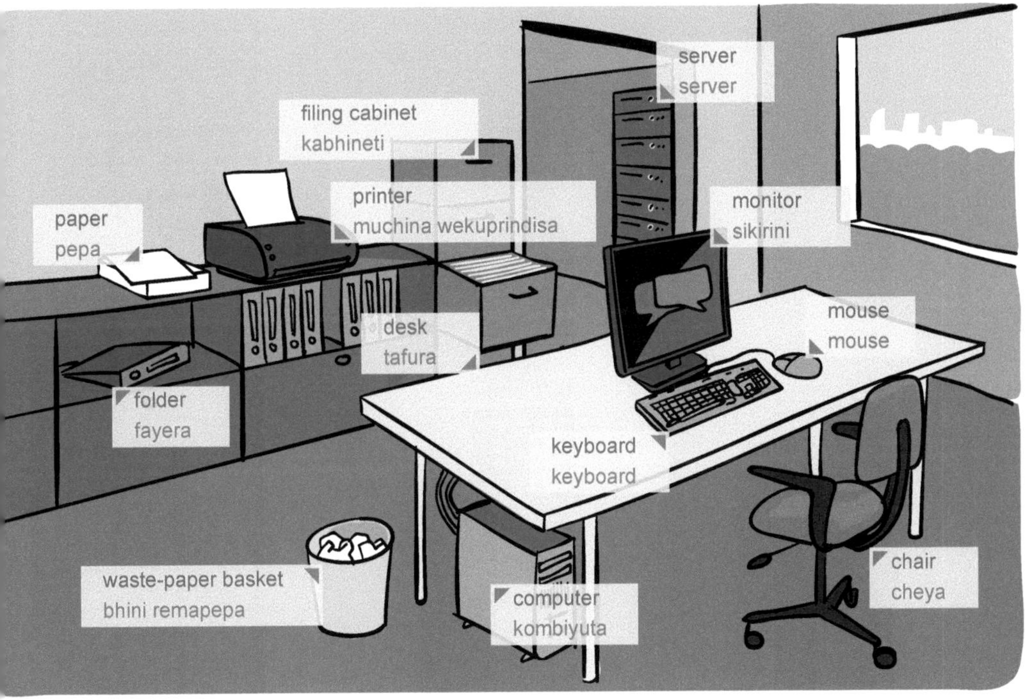

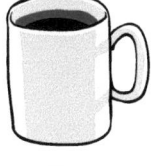

coffee mug
kapu yekofi

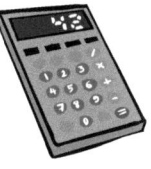

calculator
kakureta

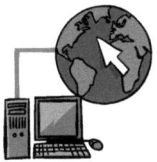

internet
indaneti

laptop
laptop

letter
tsamba

message
tsamba

mobile
serura

network
network

photocopier
muchina wekufotokopesa

software
software

telephone
foni

plug socket
pekupfekera magetsi

fax machine
muchina wefax

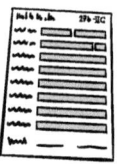

form
fomu

document
gwaro

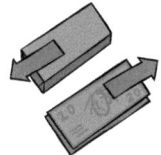

buy

kutenga

pay

kubhadhara

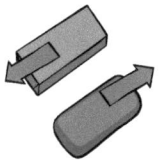

trade

kutengesa

money

mari

dollar

Dhora

euro

Euro

yen

Yen

rouble

rouble

Swiss franc

Swiss franc

renminbi yuan

renminbi yuan

rupee

rupee

cashpoint

panobhadharwa

bureau de change

panochinjwa mari

gold

goridhe

silver

sirivha

oil

mafuta

energy

magetsi

price

mutengo

contract

chibvumirano

tax

mutero

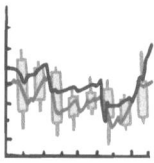

stock

masitoku

work

kushanda

employee

mushandi

employer

mushandirwi

factory

fekitari

shop

chitoro

economy - mamiriro eupfumi

occupations
mabasa

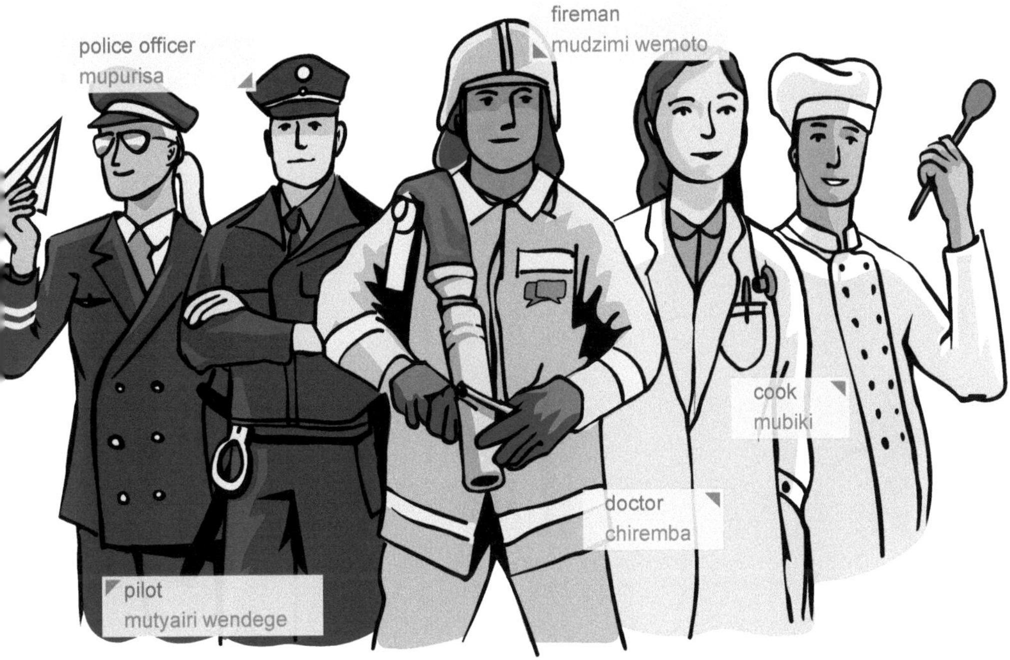
fireman
mudzimi wemoto
police officer
mupurisa
cook
mubiki
doctor
chiremba
pilot
mutyairi wendege

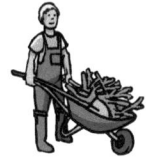

gardener

mushandi wemugadheni

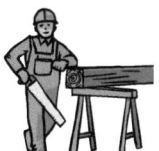

carpenter

muvezi

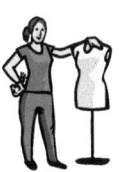

seamstress

mukadzi anosona

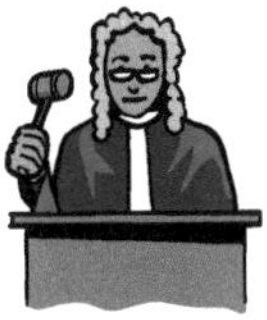

judge

mutongi

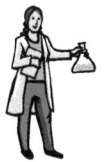

chemist

anoita zvemishonga

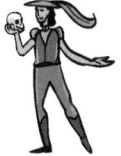

actor

ekita

bus driver

mutyairi webhazi

taxi driver

mutyairi wetaxi

fisherman

muredzi

cleaning lady

mudzimai anochenesa

roofer

anogadzira denga

waiter

hweta

hunter

muvhimi

painter

anopenda

baker

mubiki wechingwa

electrician

mugadziri wemagetsi

builder

muvaki

engineer

injiniya

butcher

mushandi wemubhucha

plumber

puramba

postman

positimeni

soldier

musoja

architect

anoita mapurani edzimba

cashier

mutengesi

florist

mugadziri wemaruva

hairdresser

mugadziri wemusoro

conductor

kondakita

mechanic

makanika

captain

kaputeni

dentist

chiremba wemazino

scientist

musayindisti

rabbi

rabbi

imam

imam

monk

mumonk

clergyman

mufundisi

tools
maturusi

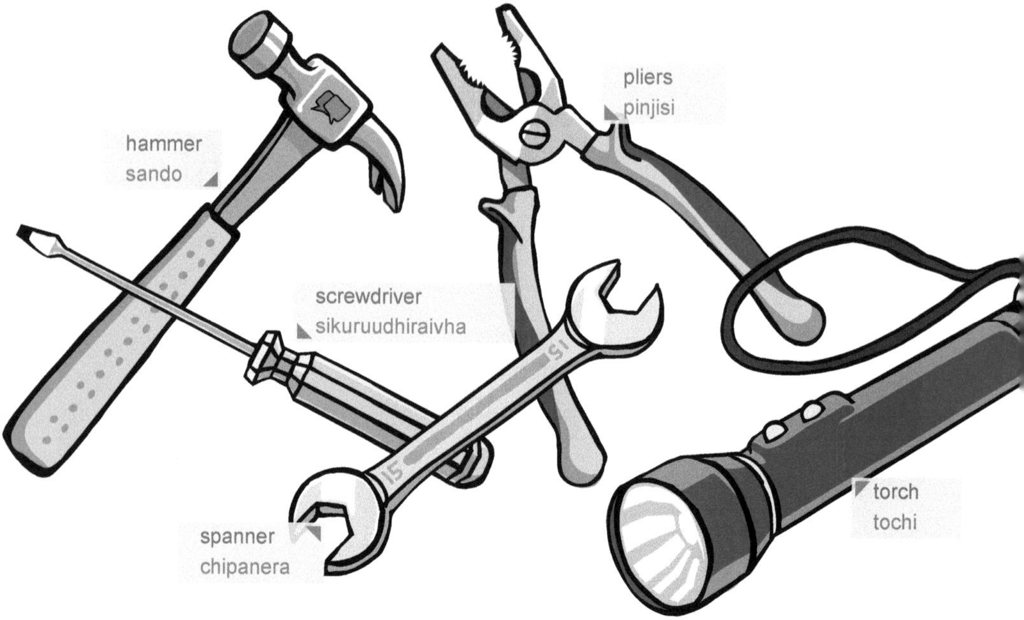

hammer
sando
pliers
pinjisi
screwdriver
sikuruudhiraivha
spanner
chipanera
torch
tochi

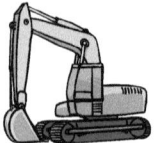

digger

chikatapira

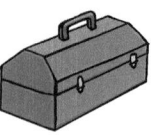

toolbox

bhokisi rematurusi

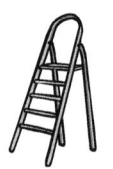

ladder

manera

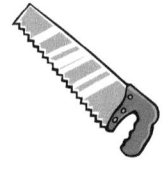

saw

saha

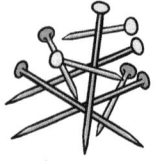

nails

zvipikiri

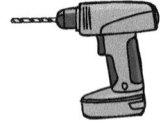

drill

chibooreso

repair

kugadzira

shovel

foshoro

Damn!

Nxa!

dustpan

chidyoreso

paint pot

gaba rependi

screws

masikuruu

musical instruments

zviridzwa

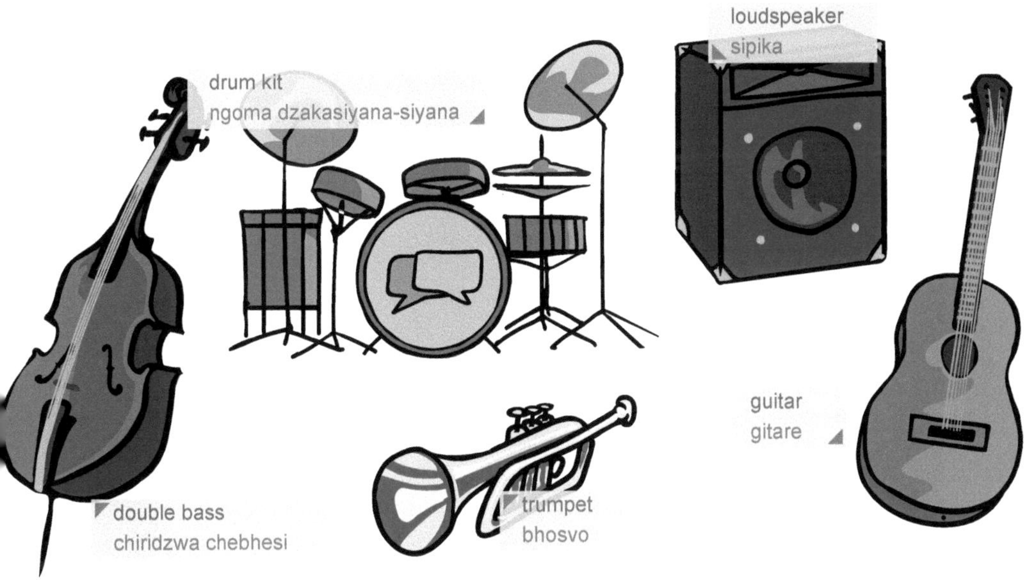

loudspeaker
sipika

drum kit
ngoma dzakasiyana-siyana

guitar
gitare

double bass
chiridzwa chebhesi

trumpet
bhosvo

piano
piyano

violin
violin

bass
gitare rebhesi

timpani
ngoma

drums
ngoma

keyboard
piyano yemagetsi

saxophone
saxophone

flute
nyere

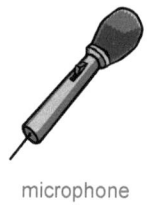

microphone
maikorofoni

munochengeterwa mhuka

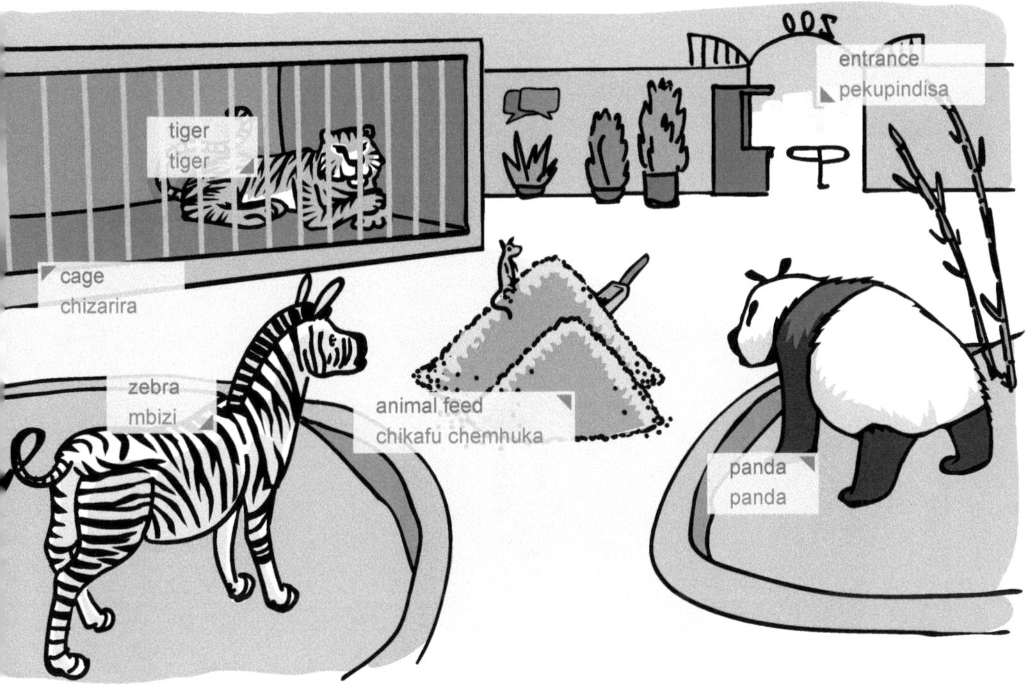

entrance
pekupindisa

tiger
tiger

cage
chizarira

zebra
mbizi

animal feed
chikafu chemhuka

panda
panda

animals

mhuka

elephant

nzou

kangaroo

kangaruru

rhino

chipembere

gorilla

gorilla

bear

bear

camel

ngamera

ostrich

mhou

lion

shumba

monkey

tsoko

flamingo

flamingo

parrot

parrot

polar bear

bear rekuchando

penguin

penguin

shark

shark

peacock

pikoko

snake

nyoka

crocodile

garwe

zookeeper

muchengeti wenzvimbo
yemhuka

seal

seal

jaguar

jaguar

zoo - munochengeterwa mhuka

pony
nyurusi

leopard
ingwe

hippo
mvuu

giraffe
twiza

eagle
gondo

boar
nguruve yemusango

fish
hove

turtle
kamba

walrus
walrus

fox
gava

gazelle
nhoro

American football
bhora rekuAmerica

cycling
kuchovha

tennis
tenisi

basketball
bhora rebhasiketi

swimming
kutuhwina

boxing
tsiva

ice hockey
hockey yemuchando

football
nhabvu

badminton
badminton

athletics
zvekumhanya

handball
bhora remaoko

skiing
kuita ski

polo
polo

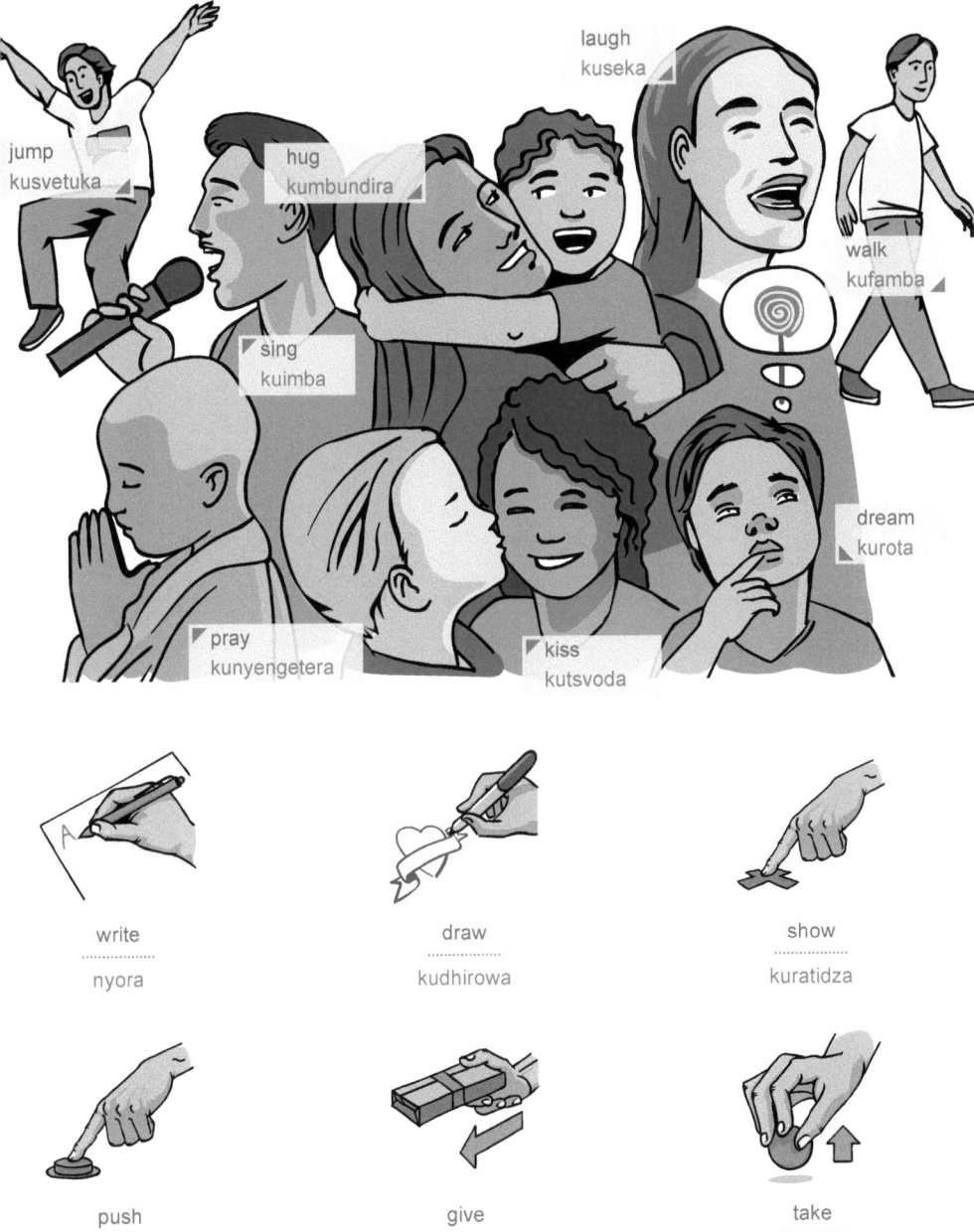

jump
kusvetuka

hug
kumbundira

laugh
kuseka

walk
kufamba

sing
kuimba

dream
kurota

pray
kunyengetera

kiss
kutsvoda

write	draw	show
nyora	kudhirowa	kuratidza

push	give	take
kusunda	kupa	kutora

have
....
kuva ne

do
....
kuita

be
....
kuva

stand
....
kumira

run
....
kumhanya

pull
....
kudhonza

throw
....
kukanda

fall
....
kudonha

lie
....
kurara

wait
....
kumirira

carry
....
kutakura

sit
....
kugara

get dressed
....
kupfeka

sleep
....
kurara

wake up
....
kumuka

look at

kutarisa

cry

kuchema

stroke

kupuruzira

comb

kukama

talk

kutaura

understand

kunzwisisa

ask

kubvunza

listen

kuteerera

drink

kunwa

eat

kudya

tidy up

kuchenesa

love

kuda

cook

kubika

drive

kutyaira

fly

kubhururuka

sail
kufambiswa nemhepo

calculate
kakureta

read
kuverenga

learn
kudzidza

work
kushanda

marry
kuroora / kuroorwa

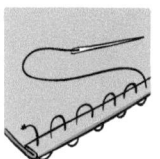

sew
kusona

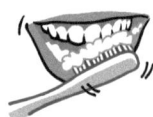

brush teeth
kukwesha mazino

kill
kuuraya

smoke
kuputa

send
kutumira

family
mhuri

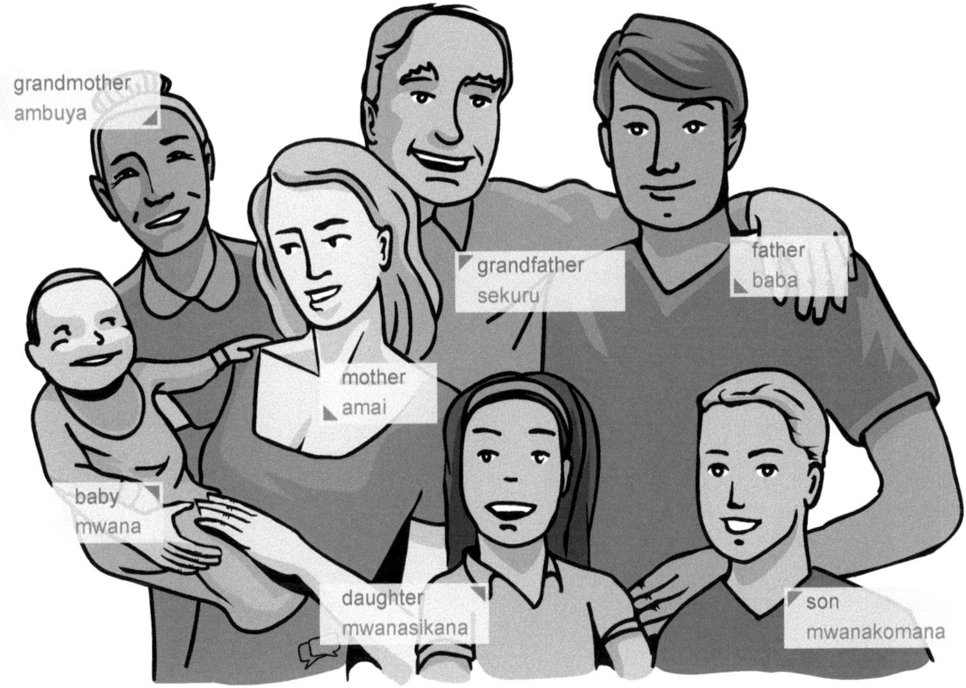
grandmother
ambuya
grandfather
sekuru
father
baba
mother
amai
baby
mwana
daughter
mwanasikana
son
mwanakomana

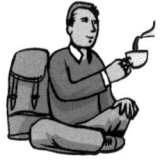

guest
....
muenzi

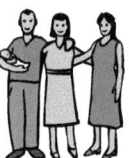

aunt
....
tete

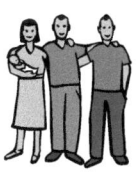

uncle
....
sekuru

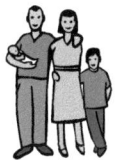

brother
....
hanzvadzikomana

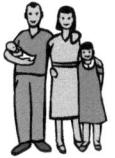

sister
....
hanzvadzisikana

body

muviri

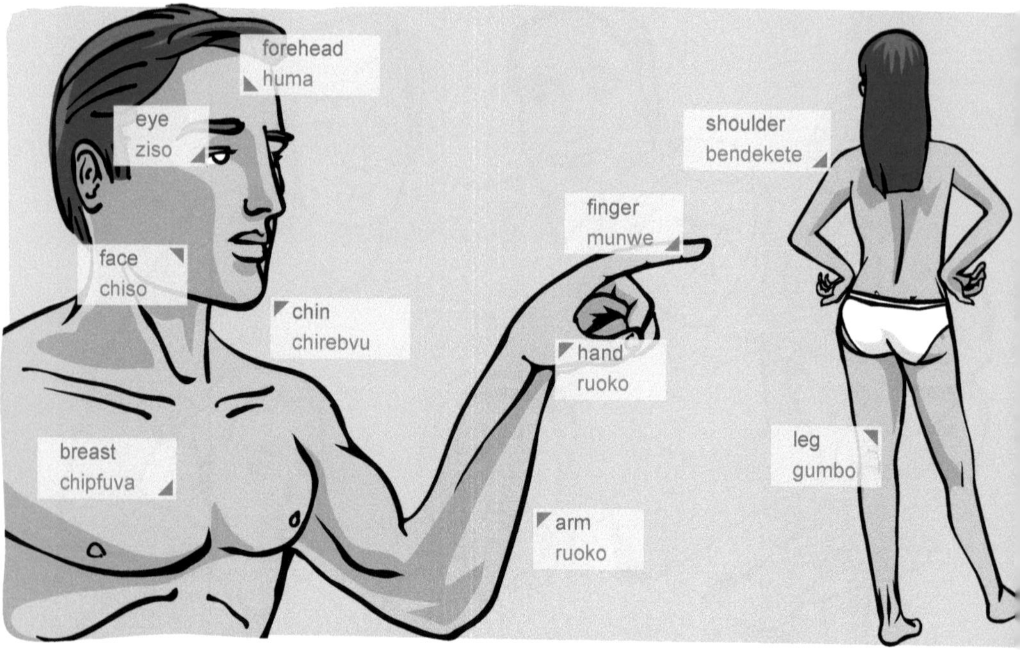

forehead
huma

eye
ziso

shoulder
bendekete

finger
munwe

face
chiso

chin
chirebvu

hand
ruoko

breast
chipfuva

leg
gumbo

arm
ruoko

baby

mwana

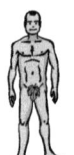

man

murume

woman

mukadzi

girl

musikana

boy

mukomana

head

musoro

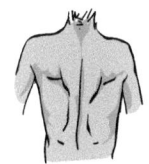

back
musana

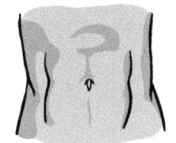

belly
dumbu

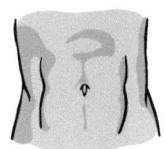

belly button
guvhu

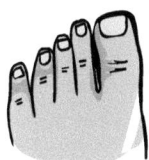

toe
chigunwe

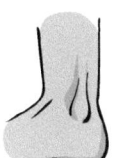

heel
chitsitsinho

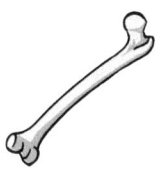

bone
bhonzo

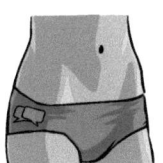

hip
hudyu

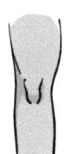

knee
ibvi

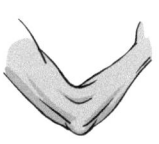

elbow
gokora

nose
mhino

bottom
garo

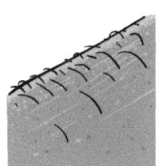

skin
ganda

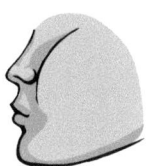

cheek
dama

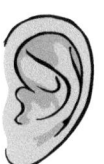

ear
nzeve

lip
muromo

body - muviri

mouth

mukanwa

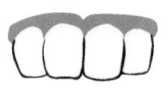

tooth

zino

tongue

rurimi

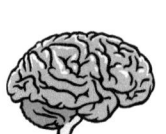

brain

uropi

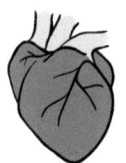

heart

mwoyo

muscle

tsandanyama

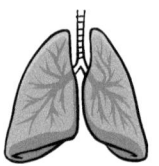

lung

bapu

liver

chitaka

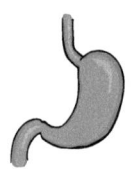

stomach

dumbu

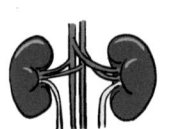

kidneys

itsvo

sex

kuita bonde

condom

kondomu

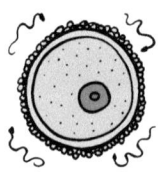

ovum

zai

semen

urume

pregnancy

nhumbu

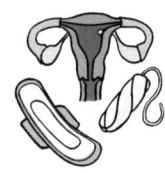

menstruation

kuenda kumwedzi

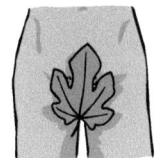

vagina

sikarudzi

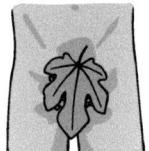

penis

mboro

eyebrow

tsiye

hair

bvudzi

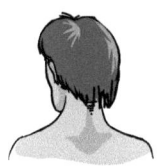

neck

mutsipa

hospital
chipatara

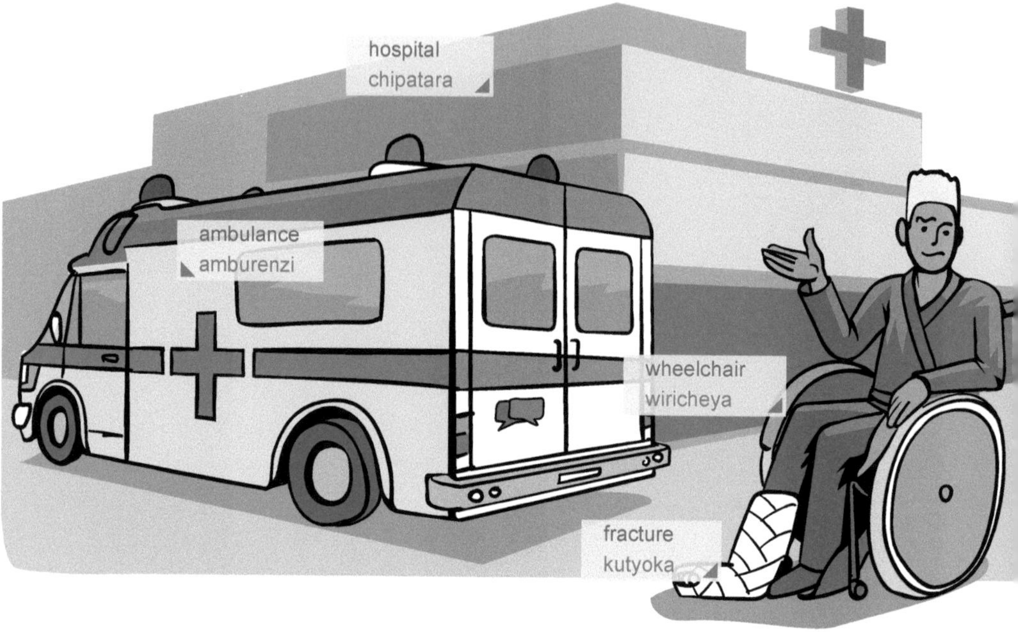

ambulance
amburenzi

wheelchair
wiricheya

fracture
kutyoka

doctor

chiremba

emergency room

imba yerubatsiro

nurse

nesi

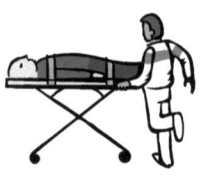

emergency

zvekukurumidza

unconscious

kufenda

pain

rwadza

hospital - chipatara

injury

kukuvara

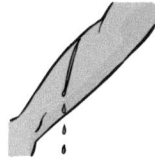

bleeding

kubuda ropa

heart attack

kuerekana mwoyo usisashandi

stroke

kuoma rutivi

allergy

zvinorwarisa

cough

chikosoro

fever

fivha

flu

furuu

diarrhoea

manyoka

headache

kutemwa nemusoro

cancer

mhuka

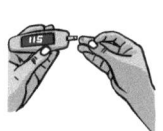

diabetes

chirwere cheshuga

surgeon

muvhiyi

scalpel

kabanga keoparesheni

operation

oparesheni

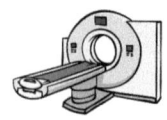

CT

CT

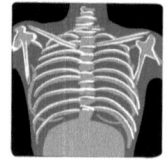

x-ray

x-ray

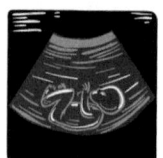

ultrasound

ultrasound

face mask

chekuvharisa mhino nemuromo

disease

chirwere

waiting room

mekumirira kurapiwa

crutch

chidhondoro

plaster

purasita

bandage

bhandiji

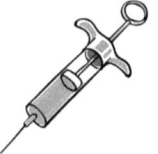

injection

jekiseni

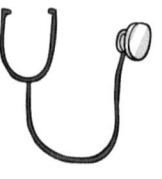

stethoscope

chekuteerera nacho mukati

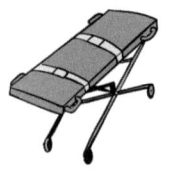

stretcher

kamubhedha kemurwere

clinical thermometer

chekutoresa nacho tembiricha

birth

kuzvara

overweight

kufuta

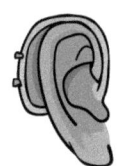

hearing aid

chekubatsira kunzwa

disinfectant

mushonga unouraya utachiona

infection

utachiona

virus

vhairasi

HIV / AIDS

HIV / AIDS

medicine

mushonga

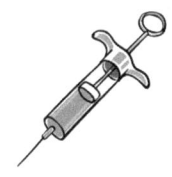

vaccination

kudzivirira zvirwere

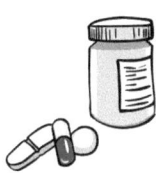

tablets

mapiritsi

pill

piritsi

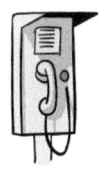

emergency call

kufonera rubatsiro ipapo ipapo

blood pressure monitor

muchina wekuyeresa BP

ill / healthy

kurwara / kugwinya

Help!	alarm	assault
Maiwe!	bhero	kurwisa

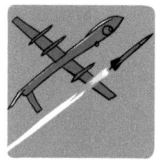

attack	danger	emergency exit
kurwisa	ngozi	pekupuda napo zvechimbi-chimbi

Fire!	fire extinguisher	accident
Moto!	chekudzimisa moto	tsaona

first-aid kit	SOS	police
zvinhu zvefirst aid	SOS	mapurisa

Europe

Europe

North America

Kuchamhembe kweAmerica

South America

Kumaodzanyemba kweAmerica

Africa

Africa

Asia

Asia

Australia

Australia

Atlantic

Atlantic

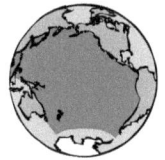

Pacific

Pacific

Indian Ocean

Nyanza yeIndia

Antarctic Ocean

Nyanza yeAntarctic

Arctic Ocean

Nyanza yeArctic

North Pole

Kuchamhembe

South Pole

Kumaodzanyemba

Antarctica

Antarctica

Earth

Nyika

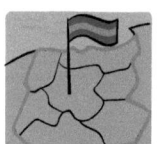

land

nyika

sea

gungwa

island

chitsuwa

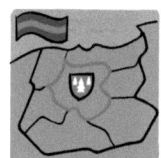

nation

nyika

state

nyika

clock face

wachi

hour hand

chinongedza awa

minute hand

chinongedza miniti

second hand

chinongedza masekondi

What time is it?

Inguvai?

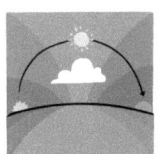

day

zuva

time

nguva

now

izvozvi

digital watch

wachi yemanhamba

minute

miniti

hour

awa

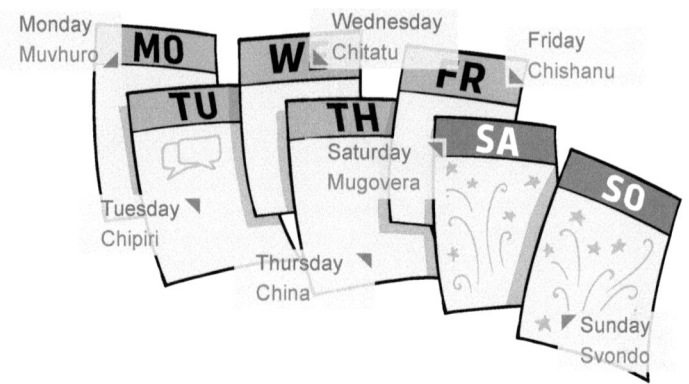

Monday — Muvhuro
Tuesday — Chipiri
Wednesday — Chitatu
Thursday — China
Friday — Chishanu
Saturday — Mugovera
Sunday — Svondo

yesterday

nezuro

today

nhasi

tomorrow

mangwana

morning

mangwanani

noon

masikati

evening

manheru

business days

mazuva ebasa

weekend

kupera kwevhiki

year
gore

rain
mvura
spring
chirimo
summer
zhizha
wind
mhepo
autumn
matsutso
snow
chando
winter
chando

4.APRIL 11°
5.APRIL 4°
6.APRIL 13°
7.APRIL 8°
8.APRIL 10°

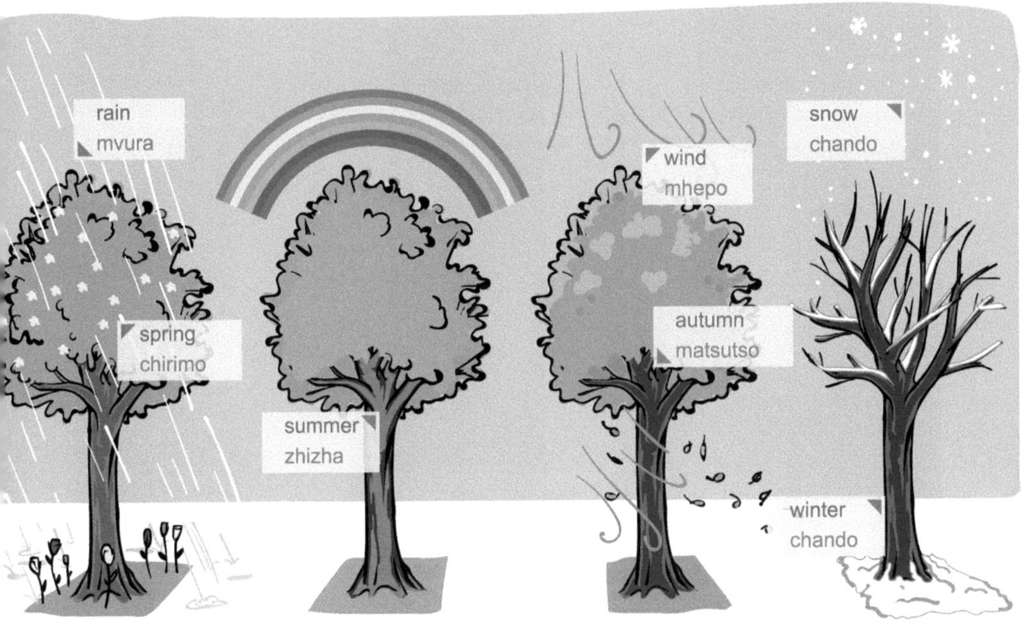

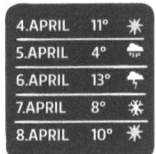

weather forecast

mamiriro ekunze anofungidzirwa

F C
120 40
90 30
60 20
30 10
0 0
-30 -10
-20

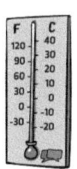

thermometer

chekutoresa tembiricha

sunshine

zuva

cloud

makore

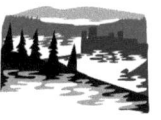

fog

mhute

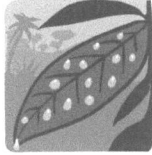

humidity

hunyoro

lightning	thunder	storm
mheni	kutinhira	dutu
	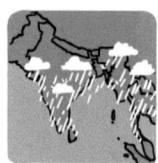	
hail	monsoon	flood
chivhuramabwe	mhepo ine mvura	mafashamo

ice	January	February
mazaya echando	Ndira	Kukadzi

March	April	May
Kurume	Kubvumbi	Chivabvu

June	July	August
Chikumi	Chikunguru	Nyamavhuvhu

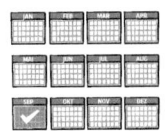

September
....
Gunyana

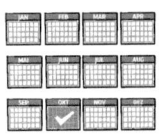

October
....
Gumiguru

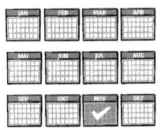

November
....
Mbudzi

December
....
Zvita

shapes
mashepu

circle
....
denderedzwa

square
....
sikweya

rectangle
....
rectangle

triangle
....
triangle

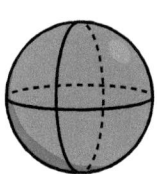

sphere
....
bhora

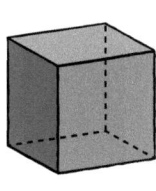

cube
....
bhokisi

white

chena

yellow

yero

orange

orenji

pink

pingi

red

tsvuku

purple

pepuru

blue

bhuruu

green

girini

brown

kaki

grey

gireyi

black

nhema

a lot / a little

zvakawanda / zvishoma

angry / calm

hasha / dzikama

beautiful / ugly

naka / shata

beginning / end

kutanga / kuguma

big / small

hombe / diki

bright / dark

jeka / rima

brother / sister

hanzvadzikomana /
hanzvadzisikana

clean / dirty

chena / sviba

complete / incomplete

kwana / kusakwana

day / night

masikati / usiku

dead / alive

yakafa / mhenyu

wide / narrow

pamhamha / tetepa

edible / inedible

unodyiwa / haudyiwi

evil / kind

utsinye / mutsa

excited / bored

kunakidzwa / kufinhwa

fat / thin

kobvuka / tetepa

first / last

kutanga / kupedzisira

friend / enemy

shamwari / muvengi

full / empty

rakazara / hairina kuzara

hard / soft

oma / pfava

heavy / light

rema / reruka

hunger / thirst

nzara / nyota

ill / healthy

kurwara / kugwinya

illegal / legal

zvisiri pamutemo / zviri
pamutemo

intelligent / stupid

kungwara / kupusa

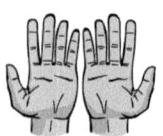

left / right

ruboshwe / rudyi

near / far

pedyo / kure

new / used

matsva / matsaru

nothing / something

hapana / chiripo

old / young

kuru / duku

on / off

batidza/dzima

open / closed

vhurika / vharika

quiet / loud

nyarara / ruzha

rich / poor

mupfumi / murombo

right / wrong

chakanaka / chakaipa

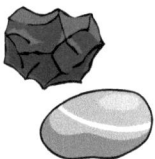

rough / smooth

kukasharara /
kutsvedzerera

sad / happy

kusuwa / kufara

short / long

pfupi / refu

slow / fast

nonoka / kurumidza

wet / dry

nyoro / oma

warm / cool

dziya / tonhora

war / peace

hondo / rugare

opposites - misiyano

numbers

manhamba

0

zero

zero

1

one

potsi

2

two

piri

3

three

tatu

4

four

ina

5

five

shanu

6

six

nhanhatu

7

seven

nomwe

8

eight

sere

9

nine

pfumbamwe

10

ten

gumi

11

eleven

gumi neimwe

12

twelve

gumi nembiri

13

thirteen

gumi netatu

14

fourteen

gumi neina

15

fifteen

gumi neshanu

16

sixteen

gumi nenhanhatu

17

seventeen

gumi nenomwe

18

eighteen

gumi nesere

19

nineteen

gumi nepfumbamwe

20

twenty

makumi maviri

100

hundred

zana

1.000

thousand

chiuru

1.000.000

million

miriyoni

languages
mitauro

English
....
Chirungu

American English
....
Chirungu chekuAmerica

Chinese Mandarin
....
Mandarin yekuChina

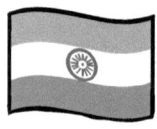

Hindi
....
ChiHindi

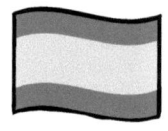

Spanish
....
ChiSpanish

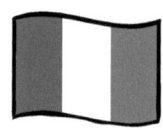

French
....
ChiFrench

Arabic
....
ChiArabic

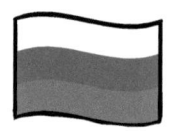

Russian
....
ChiRussian

Portuguese
....
ChiPortuguese

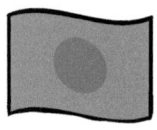

Bengali
....
ChiBengali

German
....
ChiGerman

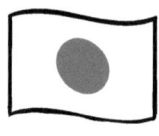

Japanese
....
ChiJapanese

I
....
ini

you
....
iwe / imi

he / she / it
....
iye

we
....
isu

you
....
imi

they
....
ivo

who?
....
ani?

what?
....
chii?

how?
....
sei?

where?
....
kupi?

when?
....
riini?

name
....
zita

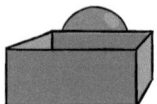

behind

seri

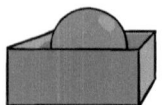

in

mukati

in front of

pamberi

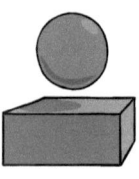

over

nepamusoro

on

pamusoro

under

pasi

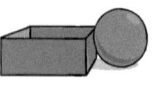

beside

divi

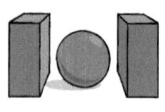

between

pakati

place

nzvimbo